I0234167

Z. Réserve

LA MANIERE

DE

BIEN TRADUIRE

D'VNE LANGVE EN AVTRE.

D'ADVANTAGE

De la Punctuation de la Langue Francoyse,

PLVS

Des Accents d'ycelle.

AVTHEVR

ESTIENNE DOLET,
Natif d'Orleans.

LYON,

ENNE DOLET.

1540

CENT VINGT EXEMPLAIRES.

PARIS.

Imprimerie de I. Tastu.

SE VEND CHEZ TECHENER, LIBRAIRE,
Place du Louvre, n. 12.

Au Lecteur.

Ly et puis iuge : ne iuge toutesfoys deuant que d'auoir veu mon Orateur Francoys
qui (possible est) te satisfera, quant aux
doubtes, ou tu pourras encourir lisant ce
liure.

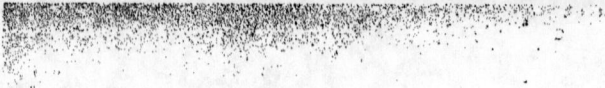

ESTIENNE DOLET,

A MON SEIGNEVR DE LANGEI,

Humble salut et recongnoissance de sa liberalité enuers luy.

———

E n'ignore pas (seigneur par gloire im-
mortel) que plusieurs ne s'esbaissent gran-
dement de veoir sortir de moy ce present
Oeuure : attendu que par le passé i'ay faict et fais
encores maintenant profession totalle de la langue Latine. Mais à cecy ie donne deux raisons : l'vne, que
mon affection est telle enuers l'honneur de mon païs
que ie veux trouuer tout moyen de l'illustrer. Et ne
le puis myeulx faire que de celebrer sa langue, comme
ont faict Grecs et Rommains la leur. L'autre raison
est, que non sans exemple de plusieurs ie m'addonne
à ceste exercitation. Quant aux antiques tant Grecs
que Latins, ilz n'ont prins aultre instrument de leur

eloquence que la langue maternelle. De la Grecque
seront pour tesmoings Demosthene, Aristote, Platon,
Isocrate, Thucydide, Herodote, Homere. Et des Latins ie produis Ciceron, Cæsar, Salluste, Virgile,
Ouide, lesquelz n'ont delaissé leur langue pour estre
renommez en vne autre. Et ont mesprisé toute autre
sinon qu'aucuns des Latins ont apris la Grecque afin
de scauoir les arts et disciplines traictées par les autheurs d'icelle. Quant aux modernes, semblable chose
que moy a faict Leonard Aretin, Sannazare, Pe-
trarque, Bembe (ceulx cy Italiens), et en France
Budée, Bouille, et maistre Iacques Syluius. Doñc-
ques non sans l'exemple de plusieurs excellents per-
sonnages i'entreprends ce labeur. Lequel, Seigneur
plein de bon iugement, tu recepuras non comme
parfaict en la demonstration de nostre langue, mais
seullement comme vng commencement d'ycelle. Car
ie scay que quand on voulut reduire la langue Grecque et Latine en art, cela ne fut absolu par vn homme,
mais par plusieurs. Ce qui se faira pareillement en la
langue Francoyse, et peu à peu par le moyen et tra-
uail des gens doctes elle pourra estre reduicte en telle
parfection que les langues dessusdictes. A ceste cause,

Seigneur tout humain, ie te requiers de prendre ce
mien labeur en gré : et s'il ne reforme totallement
nostre langue, pour le moins pense que c'est commencement qui pourra paruenir à fin telle, que les
estrangiers ne nous appelleront plus Barbares. Te
soubuienne aussy en cest endroict, qu'il est bien
difficile qu'vne chose soit inuentée, et parfaicte tout
à vn coup. Parquoy tu te doibs contenter de mon
inuention, et en attendre ou par moy, ou par autres,
la perfection auec le temps. Ioinct aussy qu'en choses
grandes et difficiles le vouloir doibt estre assez. Ie
laisse ce propos, et te veulx dire ce qui m'a esmeu de
te dedier ce liure. Certes l'opinion et estimé grande
que i'ay de ton scauoir, eloquence et iugement en
tout esmerueillable, m'a induict à en faire autant ou
plus que l'humanité, et liberalité, de laquelle tu vses
de iour en iour, de plus en plus en mon endroict : et
ce sans aucun mien merite; car de te faire aucun
seruice, meritant telle amour que me la portes et
monstres par effect, cela est hors totallement de mon
pouuoir. Toutesfoys pour suppliment du pouuoir la
voulunté te doibt satisfaire : laquelle est telle que,
sans exception d'aucun humain, ie te reuere comme

vn demi-dieu habitant en ces lieux terrestres, et estin-
cellant de tous costez par vne lumiere de vertus à toy
seul octroyées par l'Omnipotent : Omnipotent enuers
toy prodigue de ses graces, si iamais il en eslargist à
aucune sienne creature. Et qui est celuy qui puisse, à
mon dict, contredire s'il a congnoissance de tes faicts?
Nul ne doubte de la bonté de ta nature. Chascun se
sent de ta munificence. Toutes nations estranges ne
preferent aucun à toy touchant l'art militaire et con-
duite de guerre. Quant à la politique et gouuernement
equitable d'vn païs, le Piedmont en donnera tesmoi-
gnage : en laquelle prouince tu es à present gouuer-
neur soubz l'autorité du Roy, qui t'a esleu à ceste
charge, comme personne idoine à touts faictz de
grand conseil et prudence. Croy (seigneur le premier
des humains) que ie suis l'homme le moins admirant
les hommes sans raison, et cause vehemente : mais tes
vertus et perfections infinies m'ont rauy iusques à la
que sur tous ie t'adore : et ceste affection, la posterité l'ignorera si mes oeuures meritent immortalité de
nom. Icy feray fin de mon epistre, te priant de rechef auoir ce mien liure pour aggreable. De Lyon ce
dernier iour de may mil cinq cents quarante.

ESTIENNE DOLET

Au Peuple Francoys,

Humble salut et accroissement d'honneur et puyssance.

———

Epvis six ans (ô peuple Françoys) desrob-
bant quelques heures de mon estude prin-
cipalle (qui est en la lecture de la langue
Latine et Grecque), te voulant aussy illustrer par tous
moyens, i'ay composé en nostre langage vn oeuure in-
titulé *l'Orateur Francoys*, duquel oeuure les traictez
sont telz :

La Grammaire,
L'Ortographe,
Les Accentz ,
La Punctuation,

> La Pronunciation,
>
> L'Origine d'aucunes Dictions,
>
> La Maniere de bien traduire d'vne
> langue en aultre,
>
> L'Art Oratoire,
>
> L'Art Poetique.

Mais pour ce que le dict OEuure est de grand importance, et qu'il y eschet vn grand labeur, scauoir et extresme iugement, i'en differeray la publication (pour ne le precipiter) iusques à deux ou troys ans. Ce pendant tu t'ayderas des instructions qui sont en ce present liure. Lequel, si ie congnois t'estre aggreable, ie seray plus enclin à te bien polir, et parfaire le demeurant de mon entreprinse. Combien que i'en attends plus tost contentement de la posterité que du siecle present; car le cours des choses humaines est tel, que la vertu du viuant est tousiours enuiée et deprimée par detracteurs, qui se pensent aduantager en reputation, s'ils mesprisent les labeurs d'autruy. Mais l'homme de scauoir et de bon iugement ne doibt regarder à telz resueurs, et plus tost s'en mocquer du tout. Ainsi faisant, ie poursuiuray mon effort, et

attendray legitime los de la posterité : non d'aucuns
viuantz par trop pleins d'ingratitude et mauuais vouloir. Contente toy pour ceste heure (ô peuple Francoys) de ce petit oeuure : et prens pour pleige l'affection que ie porte à ma renommée, que dedans quelque temps ie te rendray parfaict, l'oeuure dessusdict.
Et si aulcuns se delectent en tel labeur, cela n'est que
bon. Que pleust à Dieu, que pour vn il y en eust
mille : car par telz efforts le plus parfaict sera congneu, et en demeurera la gloire au bien entendant
la langüe Latine et Francoyse. Pour le moins, de mon
costé , ie tascheray de faire mon debuoir en si noble
et louable passe temps. Vray est que si i'estois enuieux
du bien d'autruy, ie me deporterois de ce mien labeur : pour ce que i'ay congneu telle ingratitude entre
les hommes de mon temps, que ceux qui ont le plus
prouffité sur mes oeuures sont les premiers qui tas-
chent de deprimer mon renom : mais pour leur mes-
chante nature, ie ne laisseray de produyre par oeuures le don de grace que le Createur m'a faict tant
en la congnoissance de la langue Latine que de ma
maternelle Francoyse. Et ce tout à l'honneur et gloire
de luy (luy seul autheur de tout bien) et à l'vtilité

de la chose publique, laquelle ie prefere aux mal-
dicts de tous mes enuieux et detracteurs, qui à la fin
se trouueront trompez en moy, car leur meschant
langage ne me sert que d'vn esguillon à la vertu :
tout au rebours de ce qu'ilz vouldroient de moy pro-
ceder. Mais ie scay, comme il fault tromper telles
bestes chaussées, et en telle prudence consumeray le
demeurant de ma vie, taschant tousiours de perpe-
tuer mon nom par oeuures recommandables à la posterité et aage futur : lequel se trouuant vuyde d'enuie
en mon endroict, et muni de bon vouloir, ne se
monstrera ingrat; mais, par une equité et raison,
louera ce qui est de louer. Ceste esperance m'a tousiours esmeu à escrire, et donné cueur de prendre les
labeurs que i'ay iusques icy prins en la vacation lit-
teraire. Car, au iugement des viuants, il y a bien peu
d'equité et racueil pour les doctes. Adieu, peuple le
plus triumphant du monde, soit en vertu, soit en
puissance. A Lyon, ce dernier iour de may, l'an de
grace mil cinq cents quarante.

———

LA MANIERE

DE BIEN TRADUIRE

D'VNE LANGVE EN AVTRE.

———

A maniere de bien traduire d'vne langue en autre, requiert principallement cinq choses. En premier lieu, il fault que le traducteur entende parfaictement le sens et matiere de l'autheur qu'il traduict; car par ceste intelligence il ne sera iamais obscur en sa traduction : et si l'autheur lequel il traduict est aucunement scabreux, il le pourra rendre facile et du tout intelligible. Et de ce ie te vois bailler exemple familierement. Dedans le premier liure des questions Tusculanes de Ciceron, il y a vn tel passage latin : « Animum autem animam » etiam fere nostri declarant nominari : nam et agere

» animam, et efflare dicimus : et animosos, et bene
» animatos : et ex animi sententia. Ipse autem animus
» ab anima dictus est. »

Traduisant cest oeuure de Ciceron, i'ay parlé
comme il s'ensuyt. « Quant à la difference (dy ie) de
ces dictions *animus* et *anima*, il ne s'y fault point
arrester : car les facons de parler Latines, qui sont
deduictes de ces deux mots, nous donnent à entendre
qu'ilz signifient presque vne mesme chose. Et est certain que *animus* est dict de *anima*, et que *anima* est
l'organe de *animus*, comme si tu voulois dire la
vertu, et instrumens vitaulx estre origine de l'esperit :
et icelluy esperit estre vn effect de ladicte vertu vi-
tale. Dy moy, toy qui entends Latin, estoit il possible de bien traduire ce passage sans vne grande intelligence de Ciceron? Or saiche donques qu'il est
besoing et necessaire à tout traducteur d'entendre
parfaictement le sens de l'autheur, qu'il tourne d'vne
langue en autre. Et sans cela, il ne peut traduire
seurement et fidelement.

La seconde chose qui est requise en traduction,
c'est que le traducteur ait parfaicte congnoissance de
la langue de l'autheur qu'il traduict: et soit pareille-

ment excellent en la langue en laquelle il se mect à
traduire. Par ainsi il ne violera, et n'amoindrira la
maiesté de l'vne et l'autre langue. Cuydes tu que si
vn homme n'est parfaict en la langue Latine et Francoyse, qu'il puisse bien traduire en Francoys quelque
oraison de Ciceron? Entends que chascune langue a
ses proprietés, translations en dictions, locutions,
subtilités et vehemences à elle particulieres. Les
quelles, si le traducteur ignore, il faict tort à l'autheur
qu'il traduict, et aussy à la langue en la quelle il le
tourne; car il ne represente et n'exprime la dignité et
richesse de ces deux langues, des quelles il prend le
maniement.

Le tiers poinct est qu'en traduisant il ne se fault
pas asseruir iusques à la que l'on rende mot pour
mot. Et si aucun le faict, cela luy procede de pau-
ureté et deffault d'esprit. Car, s'il a les qualitez
dessusdictes (les quelles il est besoing estre en vn bon
traducteur), sans auoir esgard à l'ordre des mots, il
s'arrestera aux sentences, et faira en sorte que l'intention de l'autheur sera exprimée, gardant curieuse-
ment la proprieté de l'vne et l'aultre langue. Et par
ainsi, c'est superstition trop grande (diray ie besterie

ou ignorance?) de commencer sa traduction au commencement de la clausule. Mais si, l'ordre des mots peruerti, tu exprimes l'intention de celuy que tu traduis, aucun ne t'en peult reprendre. Ie ne veulx taire icy la follie d'aucuns traducteurs, lesquelz, au lieu de liberté, se submettent à seruitude. C'est asscauoir qu'ils sont si sotz, qu'ilz s'efforcent de rendre ligne pour ligne ou vers pour vers, par laquelle erreur ilz deprauent souuent le sens de l'autheur qu'ilz traduisent, et n'expriment la grace et perfection de l'vne et l'autre langue. Tu te garderas diligemment de ce vice, qui ne demonstre autre chose que l'ingnorance du traducteur.

La quatriesme reigle que ie veulx bailler en cest endroict, est plus à obseruer en langues non reduictes en art, qu'en autres. I'appelle langues non reduictes encores en art certain et repceu : comme est la Francoyse, l'Italienne, l'Hespaignole, celle d'Allemaigne, d'Angleterre, et autres vulgaires. S'il aduient doncques que tu traduises quelque liure Latin en icelles, mesmement en la Francoyse, il te fault garder d'vsurper mots trop approchans du Latin, et peu vsitez par le passé : mais contente toy du commun, sans innouer

aucunes dictions follement, et par curiosité reprehen-
sible. Ce que si aucuns font, ne les ensuy en cela :
car leur arrogance ne vault rien, et n'est tollerable
entre les gens scauans. Pour cela n'entends pas que ie
die que le traducteur s'abstienne totallement de mots
qui sont hors de l'vsaige commun : car on scait bien que
la langue Grecque ou Latine est trop plus riche en
dictions, que la Francoyse qui nous contrainct souuent
d'vser de mots peu frequentés. Mais cela se doibt faire
à l'extresme necessité. Ie scay bien en oultre qu'aulcuns pourroient dire que la plus part des dictions de la
langue Francoyse est deriuée de la Latine, et que noz
predecesseurs ont heu l'autorité de les mettre en
vsaige, les modernes et posterieures en peuuent autant
faire. Tout cela se peult debattre entre babillarts :
mais le meilleur est de suyure le commun langage. En
mon Orateur Francoys ie traicteray ce poinct plus amplement, et auec plus grand' demonstration.

Venons maintenant à la cinquiesme reigle que doibt
obseruer vn bon traducteur. La quelle est de si grand'
vertu, que sans elle toute composition est lourde et
mal plaisante. Mais qu'est ce qu'elle contient? rien
autre chose que l'obseruation des nombres oratoires :

2

c'est asscauoir vne liaison et assemblement des dictions auec telle doulceur, que non seulement l'ame s'en contente, mais aussi les oreilles en sont toutes rauies, et ne se faschent iamais d'vne telle harmonie de langage : d'yceulx nombres oratoires ie parle plus copieusement en mon orateur : par quoy n'en feray icy plus long discours. Et de rechef aduertiray le traducteur d'y prendre garde : car sans l'obseruation des nombres, on ne peult estre esmerueillable en quelque composition que ce soit : et sans yceulx les sentences ne peuuent estre graues et auoir leur poids requis et legitime. Car penses tu que ce soit assés d'auoir la diction propre et elegante sans vne bonne copulation des mots? Ie t'aduise que c'est autant que d'vn monceau de diuerses pierres precieuses mal ordonnées : lesquelles ne peuuent auoir leur lustre, à cause d'vne collocation impertinente. Ou c'est aultant que de diuers instruments musicaulx mal conduicts par les ioueurs ingnorantz de l'art peu congnoissantz les tons et mesures de la musique. En somme, c'est peu de la splendeur des motz, si l'ordre et collocation d'yceulx n'est telle qu'il appartient. En cela sur tous fut iadis estimé Isocrate, orateur grec : et pareillement Demos-

tene. Entre les latins, Marc Tulle Ciceron a esté grand
obseruateur des nombres. Mais ne pense pas que cela
se doibue plus obseruer par les orateurs que par les
historiographes. Et qu'ainsi soit, tu ne trouueras
Cæsar et Salluste moins nombreux que Ciceron. Con-
clusion quant à ce propos, sans grande obseruation
des nombres vn autheur n'est rien : et auec yceulx il
ne peult faillir à auoir bruict en eloquence, si pareillement il est propre en diction, et graue en sentences :
et en arguments subtil. Qui sont les poincts d'vn orateur parfaict, et vrayment comblé de toute gloire d'e-
loquence.

FIN.

LA PVNCTVATION

DE

LA LANGVE FRANCOYSE.

—

I toutes les langues generalement ont leurs differences en parler et escripture, toutes-foys non obstant cela elles n'ont qu'vne punctuation seulement : et ne trouueras qu'en ycelle les Grecs, Latins, Francoys, Italiens ou Hespaignolz soient differents. Doncques ie t'instruiray briefuement en cecy. Et pour t'y bien endoctriner il est besoing de deux choses. L'vne est que tu congnoisses les noms et figures des points : l'autre que tu entendes les lieux ou il les fault mettre.

Quand aux figures elles sont telles qu'il s'ensuit, ou en ceste sorte :

1.	,	4.	?
2.	:	5.	!
3.	.	6.	()

1. Le premier poinct est appellé en latin *incisum :* et en Francoys (principalement en l'imprimerie) on l'appelle vn point à queue, ou virgule : et se souloit marquer ainsi / .

2. Le second est appellé en grec Comma : et les Latins luy ont baillé autre nom. Mais il fault entendre que toutes ces sortes de punctuer n'ont leur appellation et nom à cause de leur forme, et marque, ains pour leur effect et proprieté.

3. Le tiers est dict par les Grecs Colon. En latin on l'appelle *punctum :* et en l'imprimerie on l'appelle vn poinct, ou vn poinct rond. Toutesfoys quant à l'efficace il n'y a pas grand' difference entre Colon et Comma. Si non que l'vn (qui est Comma) tient le sens en partie suspens : et l'autre (qui est le Colon) conclud la sentence. Par ainsi on pourroit dire que le Colon peult comprendre plusieurs Comma, et non pas le Comma plusieurs Colon.

Si en cest endroict quelque maling detracteur veult

dire que i'entends mal ce que les Grecs appellent Comma
et Colon : ie luy responds que combien que les Grecs
ayent appellé Comma ce que i'appelle poinct à queue,
et que dudict Comma ie marque vng Colon : et que ie
constitue vng Colon pour fin de sentence, certaine-
ment ie n'erre en rien. Car les Latins interpretent
Comma par *incisum :* et si les Grecs le prennent pour
incision de locution, ie le veulx prendre pour incision de sentence, c'est asscauoir pour sentence moyenne
et suspendue : et le Colon pour sentence finale du periode. Ie dy cecy pour obuier aux maldisants et calumniateurs. Desquelz il est au temps present si grand
nombre, que si vng homme d'esprit s'arrestoit à eulx,
il ne composeroit iamais rien. Mais mon naturel est
tel que ie n'ay aultre passetemps que de telz folz.

4. Le quart est nommé par les Latins *interrogans*,
et par les Francoys Interrogant.

5. Le quint differe peu du quart en figure : toutesfoys il se peult appeller Admiratif, et non Interrogant.

6. Le sixiesme est appellé parenthese : et est double, comme lon peult voir par ses deux petits demys
cercles.

Or puisque tu congnois leurs noms et figures, ie te
veulx maintenant monstrer familierement quelz lieux
ils doibuent auoir en nostre parler et escripture : et
te prie y vouloir entendre : car la punctuation bien
gardée et obseruée sert d'vne exposition en ·out
oeuure.

Premierement il te fault entendre que tout argu-
ment et discours de propos, soit oratoire ou poetique,
est deduict par periodes.

Periode est vne diction Grecque que les Latins appellent *clausula*, ou *comprehensio verborum :* c'est à
dire vne Clausule, ou vne Comprehension de parolles.
Ce Periode (ou autrement Clausule) est distingué, et
diuisé par les poincts dessus dicts. Et communement
ne doibt auoir que deux ou trois membres : car si par
sa longueur il excede l'haleine de l'homme il est vi-
tieux. Si tu en veulx auoir exemple, ie te voys forger
vng propos ou il y aura troys periodes : dedans lesquelz tous les poincts que ie t'ay proposez seront con-
tenus, et puis ie te declareray par le menu l'ordre et
la cause d'vng chascun. Or mon propos sera tel.

L'Empereur congnoissant que paix valloit mieulx
que guerre, a faict appoinctement auec le roi : et pour

plus confirmer ceste amytié, allant en Flandre il a
passé (chose non esperée) par le royaulme de France,
ou il a esté repceu en grand honneur, et extresme
ioye du peuple. Car qui ne se reiouyroit d'vng tel accord? Qui ne loueroit Dieu de veoir guerre assopie,
et paix regner entre les chrestiens? O que longtemps
auons desiré ce bien! o que bien heureux soient qui
ont traicté cest accord! que mauldicts soient qui tascheront de le rompre!

Au premier Periode (qui commence l'Empereur
congnoissant) ie te veux monstrer l'vsage du Poinct à
queue, du Comma, de la Parenthese et du Poinct
final, aultrement dict Poinct rond. Le Poinct à queue
ne sert d'aultre chose que de distinguer les dictions
et locutions l'vne de l'autre. Et ce ou en adiectifs,
substantifs, verbes ou aduerbes simples. Ou auec adiectifs ioincts aux substantifs expressement. Ou auec
adiectifs gouuernans vng substantif. Ou auec verbes
regissans cas, ce que nous appellons locutions. Exemple de l'adiectif simple. Il est bon, beau, aduenant,
ieune et riche. Ne vois-tu pas que ce Poinct distingue
ces dictions bon, beau, aduenant, ieune et riche?
Exemple du substantif simple. Il est plein de grand'

3

bonté, beaulté, adresse, ieunesse et richesse. Exemple
du verbe simple. Il ne fault rien que manger, boire et
dormir. Exemple de l'aduerbe. Il a faict cela prudem-
ment, courageusement et heureusement. Exemple de
l'adiectif ioinct au substantif. Il est de grand courage,
de prudence singuliere et execution extresme. Exemple
de l'adiectif gouuernaut vng substantif. Il a tousiours
vescu bien seruant Dieu, secourant ses prochains et
n'offensant personne. Exemple du verbe regissant cas.
C'est chose louable de bien seruir Dieu, secourir ses
prochains et n'offenser personne.

Voila des exemples pour te montrer clairement
l'vsage de ce poinct à queue. Il a pareillement tel
vsage en la langue Latine. Deuant que de venir aux
aultres poincts, ie te veulx aduertir que le poinct à
queue se met deuant ce mot ou, semblablement deuant ce mot Et. Exemple de ce mot Ou. Sot, *Ou* sage
qu'il soit, il me plaict. Exemple de ce mot Et. Sans
scauoir, *et* bonne vie l'homme n'est poinct à priser.
Or, entends maintenant que ce mot Ou, aussi ce mot
Et, sont aulcunes fois doublés : et lors au premier
membre il n'y eschet aulcun poinct à queue. Exemple
de Ou. Soit *Ou* par mer, *Ou* par terre, le roy est le

plus puissant. Exemple de Et. Il a tousiours esté constant *et* en bonne fortune, *et* en mauuaise.

Ie viens maintenant à parler du Comma : lequel se mect en sentence suspendue, et non du tout finie. Et aulcunesfois il n'y en a qu'vn en vne sentence : aulcunesfois deux, ou trois. Exemple. Il est bon de n'offenser personne : car il n'est nul petit ennemy : et chascun tasche de se venger, quand il est offensé.

Quant à la Parenthese, c'est vne interposition qui a son sens parfaict : et pour son interuention ou detraction, elle ne rend la Clausule plus parfaicte ou imparfaicte. Exemple. Allant en Flandre il a passé (chose non esperée) par le royaulme de France. Oste la Parenthese, le sens sera aussy parfaict que sy elle y estoit. Ce qui est facile à congnoistre. Entends aussy que la Parenthese peult auoir lieu partout le discours du periode : sinon au commencement et à la fin. D'aduantage il est à noter que deuant, ou apres la parenthese il n'y eschet aulcun poinct à queue ou final. Et dedens y en eschet aussi peu : si ce n'est vn interrogant ou vn admiratif. Exemple du premier. Si ie puys iamais auoir puissance, ie me vengeray d'vn si vilain tour (en doibs ie faire moins?) et luy

donneray à entendre qu'il me souuient d'vne iniure
dix ans apres qu'elle m'est faicte. Exemple du second.
Estant le plus fort en toutes choses il fut vaincu (quel
hazard de guerre!) et tost apres fut victeur seulement
par prudence.

Sans aulcune vigneur de Parenthese on trouue
quelquesfois vn demy cercle en ceste sorte) ou ainsi],
et cela se faict quand nous exposons quelque mot, ou
quant nous glosons quelque sentence d'aulcun autheur Grec, Latin, Francoys ou de toute autre langue.

On trouue aussi ces demys cercles aucunesfois doublés : et ce sans force de Parenthese. Ils se doublent
doncq' ainsi [ ] ou 6 9. Et lors en iceulx est comprinse
quelque addition, ou exposition notée sur la matiere,
que traicte l'autheur par nous interpreté. Mais le tout
(comme i'ay dict) se faict sans efficace de Parenthese.
Lisant les bons autheurs, et bien imprimés, tu pourras
congnoistre ma traditiue estre vraye.

Quant au Poinct final aultrement dict Poinct rond,
il se mect tousiours à la fin de la sentence, et iamais
n'est en aultre lieu. Et apres luy on commence vou-
lontiers par vne grande lettre.

Au demeurant : il n'y a que deux poincts : c'est

'interrogant et admiratif : et l'vn et l'aultre est final
n sens : et en peult auoir plusieurs en vne periode.
C'interrogant se faict par interrogation pleine addressée
à vn ou plusieurs tacitement. Exemple : Qui ne se res-
iouiroit d'vn tel accord ? Qui ne loueroit Dieu de voir
guerre assopie et paix regner entre les chrestiens ?

L'admiratif n'a si grand' vehemence : et eschet en
admiration procedante de ioye ou detestation de vice
et meschanceté faicte. Il conuient aussi en expression
de soubhait et desir. Brief : il peult estre partout où il
y a interiection. Exemple. O que longtemps auons desiré ce bien ! O que bien heureux soient qui ont traicté
cet accord ! Que mauldicts soient qui tascheront de le
rompre ! A tant te suffira de ce que i'ay dict des figures
et collocation de la punctuation. Ie scay bien que plusieurs Grammariens latins en ont baillé d'auantage :
mais tu ne te doibs amuser à leurs resueries. Et si tu
entends et obserues bien les reigles precedentes, tu
ne fauldras à doctement punctuer.

—

LES ACCENTS

DE

LA LANGVE FRANCOYSE.

—

Es gens doctes ont de coustume de faire seruir les accents en deux sortes. L'vne est en pronunciation et expression de voix, expression dicte Quantité de voyelle. L'aultre en imposition de marcque sur quelque diction. Du premier vsage nous ne parlerons icy aulcunement : car il n'en est poinct de besoing. Et d'aduantage il a moins de lieu en la langue Francoyse qu'en toutes aultres : véu que ses mesures sont fondées sur syllabes et non sur voyelles : ce qui est tout au rebours en la langue Grecque et Latine.

Quant à l'imposition de marcque (qui est le second membre de l'accent), i'en diray en ce Traicté ce

qu'il en fault dire briefuement et priuement, sans
aulcune ostentation de scauoir et sans fricassée de
Grec et Latin. J'appelle fricassée vne mixtion superflue
de ces deux langues, qui se faict par sottelets glorieux
et non par gens resolus et pleins de bon iugement.
Venons à la matiere.

En la langue Francoyse sur toutes lettres, il y en a
deux qui recoipuent plus accent que les aultres. C'est
asscauoir *a* et *e*. De ces deux nous parlerons par
ordre.

La lettre dicte *a* se trouue en troys sortes communement en nostre langue francoyse. Aulcunes foys elle
est vn article du datif, car le datif Latin est exposé
en Francoys par ledict article. Exemple : Dedi Petro,
quod ad me scripseras : J'ay baillé à Pierre ce que
tu m'auois escript.

Aulcunes foys est proposition seruant à l'accusatif
cas, et vault autant comme *ad* en latin. Exemple :
Rex ad imperatorem scripsit, tutam ei viam in Flan-
driam per Galliam patere : Le Roy a escript à l'Empereur que le passage luy estoit seur par France pour
aller en Flandre.

Aulcunes foys aussi ceste particule *a* signifie autant

en Francoys que *habet* en latin. Exemple : Habet
omnia quæ in oratore perfecto esse possunt : Il a
toutes choses qui peuuent estre en vn orateur parfaict.
Autre exemple : Occidit illum nefarie : Il l'a tué mes-
chamment. Telle est la langue Francoyse en aulcunes
locutions, ou pour vn mot Latin il y en a deux Francoys, comme : Respondit, il a respondu : Cantauit,
il a chanté : Scripsit, il a escript : Fuit, il a esté. En
ces locutions, ce mot *a* est prins diuersement, car il
est de signification possessiue, actiue ou temporelle.
Exemple de la possessiue : Multas diuitias habet, il a
plusieurs richesses. Exemple de l'actiue : Cantauit, il
a chanté. Exemple de la temporelle : Fuit, il a esté.
Quant à la duplication des mots pour vn seul Latin,
cela se faict seulement en la signification actiue et
temporelle de ceste diction *a*. Exemple : Cantarunt,
ilz ont chanté : Fuerunt, ilz ont esté. Et par cela tu
peux congnoistre que la langue Latine comprent plus
que la Francoyse : ce qu'il n'aduient pas en toutes
choses.

Note doncques que, quand *a* est article ou pre-
position, il le fault signer d'vn accent graue en ceste
sorte, *à*. Et ainsi signent les Latins leurs prepositions,

c'est asscauoir *à* et *è*. Mais quand *a* represente ce verbe Latin *habet*, il n'a point d'accent. Lors aulcuns l'escriuent auec vne aspiration *ha*, ce qui me semble superflu : toutesfoys ie remects cela à la fantasie d'vn chascun. Note aussi que, quand il est de signification actiue ou temporelle (comme i'ay demonstré), il ne recoipt point d'accent.

La lettre appellée *e* a double son et prolation en Francoys : la premiere est dicte masculine et l'aultre feminine. La masculine est nommée ainsi, pour ce que *é*, masculin, a le son plus viril, plus robuste et plus fort sonnant. Dauantage il porte sur soy vne virgule vn peu inclinée à main dextre, comme est l'accent appellé des Latins aigu, ainsi *é*. Exemple : Il est homme de grand' bonté, priuaulté et familiarité; plus, il dist tousiours verité. Autre exemple : Apres qu'il eut bien mangé, bancqueté et chanté, il voulut estre emporté de là, et puis fut couché en vng bon lict : mais le lendemain matin, apres estre desyuré, il se trouua bien estonné, et fut frotté et gallé de mesmes par vng tas de rustres qui ne l'aymoient gueres. Voilà deux exemples de la termination masculine.

Maintenant il te fault noter diligemment deux choses. C'est que ceste lettre *é* estant masculine, iamais ne vient en collision ; c'est à dire qu'estant deuant vng mot commençant par voyelle, elle ne se perd point. Exemple : Il a esté homme de bien toute sa vie , et n'a merité vn tel outrage.

En apres, il fault entendre que ceste lettre *é* est aussi bien masculine au plurier nombre qu'au singulier, et ce tant en noms qu'en verbes. Exemple des noms : Les iniquités et meschancetés, desquelles il estoit remply, l'ont conduit à ce malheur. Autre exemple : Toutes voluptés contraires à vertu ne sont louables.

Ie te veulx auertir en cest endroict d'vne mienne opinion : Qui est que le *é*, masculin en noms de plurier nombre, ne doibt recepuoir vn *z*, mais vne *s*, et doibt estre marqué de son accent tout ainsi qu'au singulier nombre. Tu escriras donq' voluptés, dignités, iniquités, verités ; et non pas voluptéz, dignitéz, iniquitéz, veritéz ; ou sans *e* marqué auec son accent aigu, tu n'escripras voluptez, dignitez, iniquitez, veritez.

Car *z* est le signe de *é*, masculin au plurier nom-

bre des verbes de seconde personne, et ce sans aucun
accent marqué dessus. Exemple : Si vous aymez vertu,
iamais vous ne vous addonnerez à vice, et vous esbat-
trez tousiours à quelque exercice honneste. Autre
exemple : Si vous estiez telz que vous dictes, vous ne
deschasseriez ainsi les vertueux. Sur ce propos, ie
scay bien que plusieurs non bien congnoissants la
virilité du son de le *é*, masculin, trouueront estrange
que ie repudie le *z* en ces motz voluptés, dignités et
autres semblables. Mais, s'ilz le trouuent estrange, il
leur procedera d'ignorance et mauluaise coustume
d'escripre, la quelle il conuient reformer peu à peu.

Oultre ce qui est dict, saiche que *e*, de pronunciation masculine, ne se mect seulement en fin de
diction, mais aussi deuant la fin. Exemple : Iournée,
renommée, meslée, assemblée, diffamée, affolée, et
autres motz qui se forment du masculin et feminin :
comme est de despité, despitée : de courroucé, courroucée : de suborné, subornée, et semblables dictions
tant au singulier nombre qu'au plurier. Exemple du
plurier : Contrées, iournées, assemblées, menées.

L'autre pronunciation de ceste lettre *e* est feminine,
c'est à dire de peu de son et sans vehemence.

Estant feminine elle ne recoipt aucun accent. Exemple : Elle est notable femme de bonne vie, de bonne rencontre, et autant prudente et sage que femme qui se trouue en ceste contrée.

Note aussi que, quand ceste lettre *e* est feminine, elle est de si peu de force que tousiours elle est mangée, s'il s'ensuict apres elle vng mot commencant par voyelle. De là ont leur origine les figures appellées Synalephe et Apostrophe : entre lesquelles figures il y a aulcune difference, comme nous demonstrerons maintenant.

La figure que nous appellons Synalephe ou collision, oste et menge la voyelle en proferant seulement et non en escripuant, car ladicte voyelle se doibt escripre. Exemple en prose : l'ay esperance en luy, et me fie en la grande amour et largesse extresme, de laquelle il vse enuers tous gens scauants. En cest exemple, la derniere lettre d'esperance, fie, grande, largesse, laquelle, vse, se perd en proferant, à cause des aultres mots ensuiuants qui commencent pareillement par voyelle. Mais non obstant la collision, il fault escrire tout au long tant en prose qu'en vers.

Exemple en rhythme.

> Tu es tant belle et de grace tant bonne,
> Qu'à te seruir tout gentil cueur s'addonne.

Necessairement en ce mot *belle*, le dernier *e* est mangé, ou autrement le vers seroit trop long. Et les Faictistes, qui composent rhythmes en langage vulgaire, appellent cela couppe feminine, c'est à dire abolition de l'*e* feminin, qui rencontre vne aultre voyelle, par laquelle il est aboli apres la quatriesme syllabe du 'vers. De cecy ie parleray plus amplement en l'art poétique.

Ce dict *e* feminin est aucunes foys autrement mangé par apostrophe. Or l'apostrophe oste du tout la voyelle finale de ce qui precede la voyelle du mot ensuyuant, et faict qu'elle ne s'escript, ne profere aucunement, et suffist que seulement on la marque en dessus par son petit poinct. Deuant que de t'en bailler exemple, ie t'aduertis qu'apostrophe eschet principalement sur ces monosyllabes, ce, se, si, te, me, que, ne, ie, re, le, la, de. Et combien que les Francoys n'ayent de coustume de signer ledict apostrophe, si en vsent ilz

naturellement : principalement aux monosyllabes des-
susdicts, quand le mot ensuyuant se commence semblablement par voyelle.

Et si d'aduanture il se commence par *h*, cela n'em-
pesche point quelquefois l'apostrophe; car nous disons
et escripuons sans vice, l'honneur, l'homme, l'humilité; et non le honneur, le homme, la humilité. Au
contraire, nous disons sans apostrophe le haren, la
harendiere, la haulteur, le houzeau, la housse, la
hacquebute, le hacquebutier, la haquenée, le hazard,
le hallecret, la hallebarde. Et si ces mots se proferent
sans grande aspiration, la faulte est anorme. De la
quelle faulte sont pleins les Auuergnats, les Prou-
uencaulx, les Gascons, et toutes les prouinces de
la Langue d'Oc : car pour le haren, ilz disent l'aren :
pour la harendiere, l'arendiere : pour la haulteur,
l'aulteur : pour le houzeau, l'ouzeau : pour la housse,
l'ousse : pour la honte, l'onte : pour la hacquebute,
l'acquebute : pour la hacquenée, l'acquenée : pour le
hazard, l'azard : pour le hallecret, l'allecret : pour la
hallebarde, l'allebarde. Et non seulement (qui pis est)
font ceste faulte au singulier nombre de telles dictions, mais aussi au plurier. Car pour des harens,

ilz disent des arens : pour les hacquenées, les acque-
nées : pour mes houzeaux, mes ouzeaux : pour il me
fault, ou ie me vois houzer, il me fault onser. Or,
ie laisse le vice de ces nations et reuiens à ma matiere.

Exemple de *ce* : C'est grand follie de prendre pied
à ces paroles. Sans apostrophe, il fauldroit dire : Ce
est grand follie. Entends toutesfoys que souuent ce
mot *c'est* n'a point d'apostrophe, comme quand nous
parlons ainsi : Cest oeuure est digne de louenge : Cest
homme n'est pas en son bon sens : Cest Allemand est
trop glorieux.

Exemple de *se* : S'aduenturant de passer la riuiere
à pied, il s'est noyé : pour se aduenturant, et pour il
se est noyé. Note icy que non seulement cette diction
se recoipt apostrophe, mais aussi ces mots la recoipuent, c'est asscauoir, son, mon, ton. Et par cela nous
disons : M'amye pour mon amye, et m'amour pour
mon amour, et t'amour pour ton amour, et s'amour
pour son amour. Et vsons de tel parler tant en prose
qu'en rhythme, mais plus souuent en rhythme. Et
aussi m'amye et m'amour sont dictions plus vsitées
que les deux autres.

Exemple de *si* : S'il estoit possible, ie vouldrois bien faire cela. Pour si il estoit possible : Toutesfoys tu ne verras gueres qu'il recoipue apostrophe auec autre mot que ce mot *il.* Exemple de toutes autres voyelles. De la voyelle *a :* Si audace estoit prisée, chascun seroit audacieux. De la voyelle *e :* Si eloquence est en luy grande, ce n'est de merueille; car il a vn esperit merueilleux, et puis il estudie continuellement en Ciceron. De la voyelle *i :* Si ignorance vient à regner, tout est perdu. De la voyelle *o :* Si orgueil est en vn homme, ie ne le puis frequenter.

De la voyelle *u :* Si vn homme diligent peult paruenir à richesses, i'espere quelque iour estre riche. En tous ces exemples, ie confesse que l'apostrophe y peult escheoir : mais auec apostrophe le parler sera plus rude que sans apostrophe : ce que peult facilement iuger vn homme d'oreilles delicates, i'excepte tousiours les licences poetiques et les laisse en leur entier. Car vn poete pourra dire (à cause de sa rythme) s'audace, s'eloquence, s'ignorance, s'orgueil s'vn homme.

D'aduantage il te conuient scauoir que ceste particule *si* est aulcunes foys conditionnale ou demonstra-

4

tiue; et lors elle peult recepuoir apostrophe, comme
tu as veu aux exemples precedents. Aulcunes foys
elle se mect pour tant ou tant fort; et lors elle ne
repcoit aulcune apostrophe. Exemple : Il est si ambitieux, si enuieux, si iniurieux, si oultrageux, que
personne ne le peult comporter. Autre exemple : Ce
lieu est si vmbrageux que le fruict n'y peult meurir :
c'est à dire, tant ambitieux, tant enuieux, tant iniurieux, tant oultrageux, tant vmbrageux. Alors garde
toy de l'apostrophe, car il n'y auroit rien si aspre
en prolation que dire s'ambitieux, s'enuieux, s'iniu-
rieulx, s'oultrageux, s'vmbrageux.

Tel est l'vsage de ceste particule *ni,* car elle ne
recoipt pas bonnement apostrophe, si elle se rencontre deuant vn mot commencant par voyelle. Exemple : Ie ne veis iamais ni Amboise, ni Enuers, ni
Italie, ni Orleans, ni vmbrage en ce champ. En toutes
ces locutions, l'apostrophe seroit indecente et lourde.
Exemple de *te :* Ie serois marri de t'auoir offensé; il
t'eust bien recompensé si tu eusses faict cela; il t'interrogue; il t'oultrage; il t'vse ta robbe : pour de te
auoir; il te est; il te interrogue; il te oultrage;
il te vse.

Exemple de *me* : Il m'assault ; il m'entend bien ; il
m'irrite ; il m'oultrage ; il m'vse tous mes habille-
ments : pour il me assault, il me entend bien, il me
irrite, il me oultrage, il me vse.

Exemple de *que* : C'est bonne chose qu'argent en
necessité ; Qu'est ce que richesse sans santé ? Il fault
qu'il s'y trouue ; O qu'orgueil est desplaisant à Dieu ;
Il n'est scauoir qu'vsage ne surmonte : pour que argent, que il se y trouue, que orgueil, que vsage.

Exemple de *ne* : Ie n'ay que ce vice ; Il n'est rien
si sot ; Il n'ignore cela ; Cela n'orne point le parler ; Ie
n'vse iamais de parfums : pour ie ne ay ; il ne est ; il
ne ignore ; cela ne orne ; ie ne vse. Exemple de *ie* :
I'ay tousiours peur des calumniateurs ; I'entends bien
que tu demandes ; I'interpreteray ce liure de Ciceron ;
Ie te donneray à entendre comme i'ouys cela de luy ;
'vse souuent de telles figures : pour ie ay, ie entends
bien, ie interpreteray, ie ouys, ie vse. Exemple
de *re* : Il faut r'assembler ces pieces ; Ie te r'ennoye
ton seruiteur ; Il seroit bon de r'imprimer ses œuures ;
Il fault r'ouurir ce coffre ; Il seroit bon de r'vmbrager
ce ply : pour reassembler, reennoye, reimprimer, re-
ouurir, reumbrager, et note que *re* signifie de rechef.

Exemple de *le* : L'auoir n'est rien en vn homme, s'il n'a vertu; L'entendement trop soubdain ne faict pas grand fruict; L'interpreteur de cecy ment; L'orgueil de luy me desplaist; L'vsage de tel art est faulx : pour le auoir, le entendement, le interpreteur, le orgueil, le vsage.

Exemple de *la* : L'amour est bonne quand elle est fondée en vertu; L'enfance de luy a esté terrible; L'interpretation de ce lieu est difficile; L'oultrecuidance est grande; L'vsance est telle : pour la amour, la enfance, la interpretation, la oultrecuidance, la vsance.

Exemple de ce mot *de* : C'est grand charge d'auoir tant d'enfants; Par faulte d'entendre le Grec, il a failli; Cela part d'inuention bien subtile; Ceste responce est pleine d'orgueil et oultrage; Par faulte d'vser de bon regime, il est retombé en fieure : pour de auoir, de entendre, de inuention, de orgueil, de vser.

Ie ne parleray plus de l'Apostrophe, et viendray maintenant à declarer que signifie vn petit Poinct semblable à celuy de l'Apostrophe. Ce petit Poinct est signe d'vne figure nommée des Grecs et Latins *apocope*, et ainsi la nomment aussi les Francoys par faulte

d'aultre terme à eulx propre. Ceste figure oste la
voyelle ou syllabe de la fin d'vn mot pour la necessité
du vers, ou affin que le mot soit plus rond et mieulx
sonnant. Exemple : Pri', suppli', com', hom', quel',
el', tel', recommand', encor', auec' : pour prie,
supplie, comme, homme, quelle, elle, telle, recom-
mande, encores, auecques. En prose, L'exemple peult
estre grand' chose; Quelle qu'el' soit : pour grande
chose; quelle qu'elle soit. Car ainsi la prolation est
plus doulce et plus ronde.

Au demeurant, il fault entendre que les Francoys
vsent, oultre ce que dessus, de deux sortes de charac-
teres, lesquelz sont de telle figure :

^   ..

Tous deux se signent sur voyelles, mais au reste
ilz sont bien differentz. Le premier est signe de con-
iunction; le second de diuision. Le premier r'assem-
ble, r'unit, et conioinct les parties diuisées, et ce
en troys facons. La premiere, quand par vne figure
fort vsitée nommée *syncope*, *concision* ou *couppure*
(car ainsi se peult dire en Francoys), vn mot est

syncope, c'est à dire diuisé et diminué au milieu, puis les deux parties sont reioinctes ensemble, la diuision et reunion d'icelles est signifiée par ledict charactere. Exemple : Lai˙rra, pai˙ra, vrai˙ment, hardi˙ment, don˙ra : pour laissera, paiera, vraiement, hardiement, donnera. Et ainsi font souuent les Latins, comme l'on veoit aux bonnes impressions, esquelles on treuue diu˙um, du˙um, vir˙um : pour diuorum, duorum, virorum. La seconde facon de ceste figure est quand deulx mots (desquelz l'vn est detronqué) sont rassemblés en vn. Exemple : Au˙ous, pour auez vous : qu'au˙ous, pour qu'auez vous : m'au˙ous, pour m'auez vous : n'au˙ous, pour n'auez vous : n'auons, pour nous ne auons. Tel est le commun vsage de la langue Francoyse. La tierce facon de ceste figure est quand deux voyelles sont r'accoursies et proferées en vne : ce qui se faict souuent en rhythme principalement.

Exemple : Pensées, ou les deux *e˙e* se passent pour vn proferé par traict de temps assés longuet, quasi comme si l'on disoit pensés. Et note que cecy est general en toutes dictions feminines, qui sont formées des dictions masculines, ausquelles la derniere voyelle est masculine : et ce seulement au plurier nombre. Et si tu signes ceste figure sur les deux *e˘e*, il n'y fault poinct d'accent aigu sur le penultime *e*. Exemple : Courroucé, courroucée, courrouce˘es : irrité, irritée, irrite˘es : suborné, subornée, suborne˘es. En telle sorte doibt on escripre en rhythme; mais en prose auec vn accent aigu sur le *e* penultime : ainsi courroucées, irritées, subornées. Par ceste figure aussi on dict aise˘ment, nomme˘ment, a˘age ou e˘age, en faisant de deux syllabes vne par synerese et r'accoursissement.

Le second charactere dessus mentionné, qui est ·· , noté sur les voyelles, est celuy par lequel on faict au contraire de l'aultre duquel sortons de parler. Car il signifie diuision et separation, et que d'vne syllabe en sont faictes deux. Exemple : Païs, poëte : pour pa˘is, po˘ete.

Ce sont les perceptions que tu garderas, quant aux accents de la langue Francoyse. Lesquelz aussi obseruëront tous diligens imprimeurs : car telles choses enrichissent fort l'impression, et demonstrent que ne faisons rien par ignorance.

Quant à l'accent enclitique, il n'est point recep-

uable en la langue Francoyse, combien qu'aulcuns
soient d'autre opinion. Lesquelz disent qu'il eschet en
ces dictions : Ie, tu, vous, nous, on, lon. La forme
de cest accent est telle ' : par ainsi ilz vouldroient
estre escript en la sorte qui ensuit. M'atendrai' ie
à vous? feras' tu cela? quant aurons' nous paix? dict'
on tel cas de moy? voirra' lon iamais ces meschantz
punitz? De rechef, ie t'aduise que cela est superflu en
la langue Francoyse et toutes autres; car telz pronoms
demeurent en leur vigueur, encores qu'ilz soient post-
posés à leurs verbes. Et qui plus est, l'accent enclitique ne conuient qu'en dictions indeclinables, comme
sont en Latin, Ne, ve, que, nam. Qu'ainsi soit,
on n'escript point en Latin en ceste forme : « Feram'
ego id iniuriæ? eris' tu semper tam nullius consilii?
auersabimini' vos semper à vobis pauperes? » Tiens
doncques pour seur que tel accent n'est propre aulcunement à nostre langue : qui sera fin de ce petit
Oeuure.